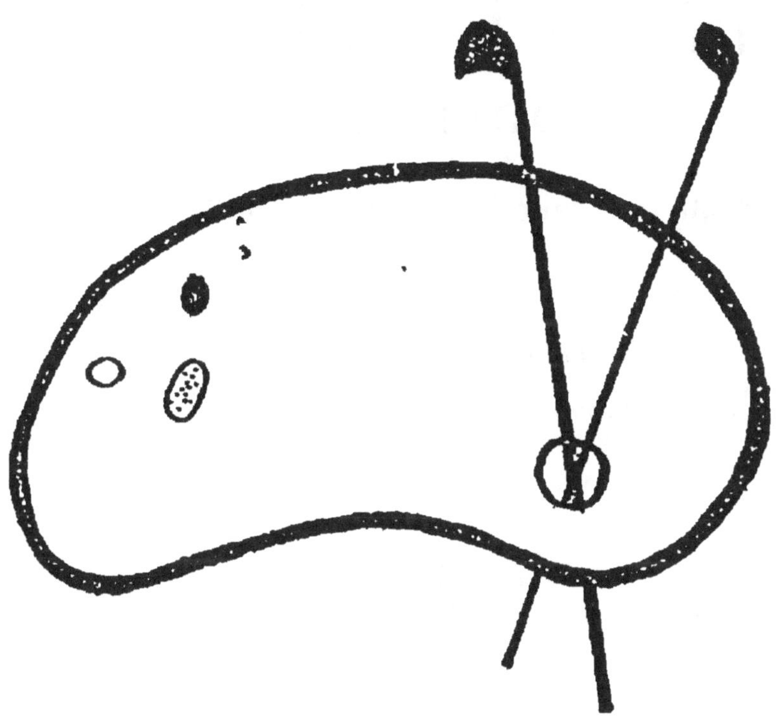

ORIGINAL EN COULEUR

NF Z 43-120-8

LA
TRISTESSE
MODERNE

Conférence faite le 29 janvier 1886

PAR

HENRI BEAUNE

Ancien Procureur général à la Cour de Lyon

LIBRAIRIE BRIDAY

DELHOMME ET BRIGUET, LIBRAIRES-ÉDITEURS

LYON   PARIS

Aven. de l'Archevêché, 3 | 13, rue de l'Abbaye

1886

LA TRISTESSE MODERNE

LA
TRISTESSE
MODERNE

Conférence faite le 29 janvier 1886

PAR

HENRI BEAUNE

Ancien Procureur général à la Cour de Lyon

LIBRAIRIE BRIDAY

DELHOMME ET BRIGUET, LIBRAIRES-ÉDITEURS

LYON | PARIS
Aven. de l'Archevéché, 3 | *13, rue de l'Abbaye*

—

1886

LA TRISTESSE MODERNE

S'IL vous est jamais arrivé, dans un musée ou dans une collection privée, de parcourir un recueil de vieilles estampes, de ces gravures du xvᵉ et du xviᵉ siècle dont un burin naïf, mais vigoureux, a profondément fouillé les nielles et les tailles, vous en avez presque à coup sûr rencontré une qui a surpris et arrêté vos regards : c'est la *Melancolia* d'Albert Dürer.

Une femme est assise au bord de la mer.
Son front porte la couronne en désordre
d'une fête oubliée ; tout en elle respire une
ineffable tristesse, tout est sombre, morose,
lugubre autour d'elle, tout y est empreint
du sceau de la mort : le ciel en deuil, l'enfant endormi qui s'affaisse à ses pieds, le
sable silencieux de la clepsydre et son froid
cristal aux facettes éteintes, jusqu'à ce vulgaire rabot de menuisier qui l'avoisine et
que l'artiste a placé là comme un symbole
de l'usure douloureuse et, pour ainsi dire,
mécanique de la vie.

N'y avez-vous pas quelquefois songé ?
Cette femme, c'est depuis plusieurs années
notre image. La France est aussi au bord de
l'histoire. Elle porte au front, elle aussi, des
fleurs fanées, en désordre; elle est assise,
accoudée, à demi écrasée dans la solitude,
quand les autres sont debout. Seule ou
presque seule entre toutes les nations, elle
n'a pas dépouillé son voile de veuve, et
laisse son bras allangui couler le long de

ses flancs devenus stériles. Comme la femme d'Elimelech, elle pourrait dire : « Ne m'appelez plus Noémi, celle qui fut belle ; mais nommez-moi Mara, celle qui est amère, parce que le Tout-Puissant m'a remplie d'une grande amertume (1). »

En 1847, dans une phrase restée fameuse, M. de Lamartine s'écriait : La France s'ennuie ! Que dirait-il aujourd'hui ? Ce n'est plus de l'ennui qu'elle éprouve, mais une étouffante, une inexorable tristesse : il semble que la vie se soit faite pour elle une souffrance et une tromperie, qu'il n'y ait rien de meilleur à en attendre, qu'elle soit un désir perpétuel sans espoir, et que nous soyons arrivés à ce moment fatal où les ressorts de l'âme se brisent dans une société comme chez l'homme, où elle ne fait plus, pour ainsi dire, qu'assister à sa ruine, où elle se regarde elle-même comme on regarde un malade qui n'attend plus de re-

(1) Livre de Ruth, 1, 20.

mède. C'est l'heure où l'on se prend à dire : l'existence est un mal; heureux qui ne vit pas, heureux tout au moins qui ne sait pas et qui ne sent pas qu'il existe. C'est celle, en un mot, où l'espérance est lasse et où, selon l'expression du poète, elle fait son repos de sa stérilité.

Qui a fait cela? D'où est venu pour nous ce prodigieux changement, je puis même ajouter, cette altération essentielle du type de notre race et de notre caractère national ? Car, ne nous y trompons pas, c'est un mal relativement récent, un mal qui était inconnu de nos pères, ainsi que j'essaierai de le démontrer un peu plus loin. Etre toujours gai, voilà le propre du Français, disait, au dernier siècle, un voyageur étranger. On aurait pu le dire avec vérité dans tous les temps, sauf dans le nôtre, et je ne surprendrai, je crois, personne, personne du moins qui ait quelque teinture de nos mœurs passées et de notre histoire, en affirmant qu'à travers la mobilité tradition-

nelle de notre peuple, se dégageait un trait
resté véritablement jusqu'à nous indélé-
bile, qui était la marque et l'empreinte de
la nationalité gauloise, je veux parler de sa
bonne humeur et de sa gaieté. Quelle cause
a donc produit chez nous cette révolution
morale ajoutée à tant d'autres révolutions,
et pourquoi sommes-nous devenus aussi
tristes ?

Avant de chercher ensemble une réponse,
entendez-moi bien, je vous prie : si j'ai
prononcé le mot de révolution, je ne viens
pas, je ne veux pas faire ici de la politique.
Elle est, elle doit rester toujours absente
de ce lieu qui est un sanctuaire de l'ensei-
gnement chrétien (1), mais ne sera jamais
une arène ouverte aux contradictions et
aux passions des partis. J'ai seulement le
droit de vous parler histoire, science, art,
philosophie, littérature, morale, et ce droit,

____

(1) La salle des conférences des Facultés catholiques de
Lyon.

1.

dont je puis librement user, me suffit pour répondre sans réticence à une question qui se rattache étroitement à tout cela, malgré son apparence un peu frivole.

I

Ne nous y méprenons pas en effet, la question est complexe, et l'ennui ou, si l'on aime mieux, la tristesse moderne a plus d'un facteur.

Il y a d'abord les préoccupations de l'existence matérielle, les soucis toujours plus intenses d'une vie de plus en plus pénible et difficile. C'est en vain que la civilisation a multiplié ses merveilles pour alléger le fardeau qui pèse sur nos épaules, c'est en vain qu'elle a mis à notre portée des satisfactions et des jouissances inat-

tendues, inespérées : nos besoins et nos désirs ont crû avec elles, et il semble que
l'individu soit devenu plus pauvre à me-
sure que la collectivité s'est faite plus
riche. Le cœur humain est au fond insatia-
ble : il est ambitieux sous toutes les formes, il a l'ambition du bien-être, l'ambition du pouvoir, l'ambition de la fortune,
l'ambition du plaisir. De là, le labeur fié-
vreux auquel se livre chacun de nous et,
partant, l'inquiétude triste, défiante, dans laquelle il s'agite.

Ah! Dieu me garde de mal parler du
travail, cette sainte loi de l'humanité!
Dieu me garde de diminuer en vos esprits
le respect de ce noble devoir qui, loin
d'avilir notre être, le rehausse et le purifie! Cependant, quand je me place en
face de l'homme naturel ou déchu, en face
de l'homme à qui le Christianisme n'a pas
enseigné la justice et la charité, je suis
bien obligé d'en convenir, la loi de notre
espèce n'est pas autre que celle des espè-

ces inférieures ; c'est, comme on l'a nom-
mée, le combat pour la vie, et dans ce
combat acharné, sans trêve, que nous
soyons, selon un autre mot célèbre, des
loups ou des renards pour nos semblables, *homo homini lupus*, il n'y a de place
ni pour la joie ni pour l'honnête gaieté.
L'antiquité n'eut tant de dieux que parce
qu'elle ne trouvait la satisfaction de ses
désirs dans aucun. Elle passa d'Osiris à
Jupiter, de Mithra à Teutatès ; le monde
moderne paraît n'en guère connaître qu'un
seul : l'argent ; mais j'en appelle à ceux-là
mêmes auxquels il a souri : en sont-ils
beaucoup plus heureux et surtout plus
joyeux ?

Le mal a envahi jusqu'à ceux que l'on
jugeait inattaquables, jusqu'aux enfants.
On dirait que les destins ont refusé la jeunesse et sa riante insouciance à notre âge :
voyez plutôt.

Entre tous les siècles, en est-il un seul qui
se soit montré plus tendre, plus miséricor-

dieux, plus complaisant et, disons le mot, plus faible que le nôtre pour ces créatures innocentes, pour ces fleurs à peine écloses, pures comme un ciel de printemps, fraîches et parfumées comme la violette ? En fut-il jamais un seul qui ait plus allégé l'antique joug paternel, plus rapproché la distance qui séparait autrefois le fils de son père, la mère de sa fille, demandé plus au cœur et moins au respect ? En est-il un qui leur ait plus sacrifié ?

Un homme d'esprit racontait naguère qu'il n'avait jamais mangé d'aile de poulet : quand il était petit, on les donnait aux grandes personnes ; depuis qu'il est grand, on les réserve à « messieurs » les enfants. Eh bien ! dans ce monde de maternelles gâteries, sous ces flots de miel, derrière cette éducation que je ne juge pas, mais que je ne puis m'empêcher de trouver un peu molle, quoique je sois fort loin de défendre l'étiquette et les rigueurs d'antan, l'adolescent a-t-il su conserver intactes sa vivacité et sa gaieté ? Il était étourdi; il s'est fait raisonnable et calculateur. Il commettait parfois, trop souvent même, des folies, mais il avait au moins de généreux enthousiasmes et s'éprenait des grandes causes; il ne s'enflamme plus guère que pour son intérêt. Son ardeur était bouillante : elle s'est apaisée jusqu'à la glace. Il est devenu correct, mais il est encore plus positif ou, comme il le prétend lui-même, pratique.

Je ne parle pas de l'imitation, parfois bizarre, des mœurs étrangères, de l'anglomanie qui a envahi les relations sociales, que la mode a importée et que la mode emportera. Il est aujourd'hui de bon ton d'être gourmé, à l'empois; la rigidité d'attitude est devenue le signe des belles manières, soit : cette raideur étudiée passera comme le reste. Mais je parle de quelque chose de plus grave, des dispositions et des tendances de l'esprit. On disait de Lamartine qu'il avait deux ailes, l'une de

cygne, entendez l'imagination, et l'autre
de moineau, voilà pour la raison. Ces
deux ailes du poète indiquaient peut-être
qu'il était resté jeune. Notre jeunesse
actuelle a coupé la première : a-t-elle
fait pousser et grandir la seconde? Je ne
suis pas absolument sûr qu'il soit bon
d'être aussi froid, aussi prudent, et de s'ac-
coutumer de bonne heure à tout peser au
poids de l'or. Faire fortune, bien aligner
les chiffres dont se compose le budget de
la vie, c'est quelque chose, mais c'est là une
de ces sciences qui ne s'apprennent qu'à la
longue et qu'on possédait autrefois seulement à l'heure où les cheveux blanchissent.
Est-ce une illusion de l'âge, une impres-
sion chagrine de la vieillesse? Mais re-
noncer dès la vingtième année à l'idéal,
pour se jeter dans les bras d'un teneur de
livres ou d'un agent de change, ces divi-
nités me semblent bien sévères pour les
rêves qui dorent l'aube de l'existence.
Quand, à la fin d'une belle journée d'au-

tomne, nous voyions de petites colonnes de fumée bleue monter du toit des hameaux à travers le feuillage roussi des peupliers, avouons-le, nous autres les anciens, nous ne pensions guère au cours de la Bourse, à l'assolement triennal ni au percepteur des contributions.

Pardonnez-moi cette trop longue parenthèse, qui serait assurément déplacée, si elle ne me ramenait à mon sujet. Nous ne sommes plus jeunes, et c'est peut-être pour cela que nous ne sommes plus gais. Mais pourquoi la jeunesse ne l'est-elle pas davantage?

Les événements douloureux que nous avons traversés il y a quinze ans n'y sont pas étrangers sans doute, car, on ne saurait le nier, les humiliations militaires sont les tristesses de tous, et les souffrances patriotiques touchent à ce qu'il y a de meilleur dans l'homme. Le temps du reste gratte et creuse sur nous comme le piocheur sur le sol; il suffit seul à effriter les couches superposées du terrain psychologique et manifeste ainsi notre géologie morale; mais est-ce tout, et cette action, lente ou précipitée, du temps et des événements peut-elle expliquer, à elle seule, la subite transformation du caractère et du tempérament national? Non: il est encore d'autres causes occultes, que je résume en ce mot: la conspiration de la science, de l'art, de la philosophie, de la littérature contre l'idéal.

II

Faisons un peu, si vous le voulez bien, notre examen de conscience, et jetons un regard sur ce qui se passe autour de nous, dans ces régions qui devraient être si sereines et qui sont aujourd'hui si troublées.

De l'art, je ne dirai qu'un mot, sans l'embrasser dans ses diverses manifestations ni dans ses détails, non parce que je tenterais vainement de lui refuser une grande influence sur la pensée et le cœur humain, mais parce que je me sens profondément incompétent à son égard. Je me contente

de le prendre dans son acception la plus
générale et la plus élevée, et j'entends par
art l'expression du beau dans les formes
sensibles. Si le beau est la splendeur du
vrai, quelle haute mission que celle de
l'artiste, quelle admirable tâche que celle
de relever le cœur et le regard de l'homme
vers un monde invisible et meilleur, d'at-
tiser sur l'autel du beau et de protéger
contre les souffles d'ici-bas la flamme de
l'idéal immortel !

Est-elle ainsi comprise ? Je ne veux pas
envelopper tous les desservants de cet autel dans une sentence de réprobation dont
l'universalité serait injuste et contre laquelle protesteraient des œuvres glorieu-
ses, nées ici même, des œuvres magistrales
qui resteront l'honneur du nom français ;
mais je serai votre interprète attristé en
disant que l'art contemporain ne s'est pas
seulement diminué, qu'il s'est plus encore
égaré et qu'il a, par surcroît, égaré la jeunesse dans la recherche d'un réalisme ab-

ject dont les images abaissées jettent à la fois le trouble dans l'imagination et dans la conscience, déflorant l'une, corrompant l'autre, et ne laissant à l'œil, malgré le talent dépensé, qu'une sensation morbide, douloureuse de la forme plastique, celle que donne le contact imprévu d'une chair pantelante ou d'un corps en putréfaction.

L'idéal s'est-il au moins réfugié dans les lettres? Pour l'y rechercher, non point partout, mais dans la littérature à la mode, il faut, en même temps, que vous me permettiez une comparaison et que vous en excusiez la brutale trivialité.

Vous est-il arrivé de mettre l'œil à votre fenêtre vers les sept heures du matin? C'est l'instant où passent les voitures chargées de nettoyer la grande ville. Devant chaque porte s'aligne — comment dirai-je? — un cordon fétide de récipients de toutes formes où l'on recueille les détritus de nos repas, de nos foyers et de nos apparte-

ments. Le tombereau arrive ; les vases
sont lancés à la volée dans sa large caisse
et y déversent leur contenu, qui y est ré-
parti, égalisé, piétiné, afin de rendre le
chargement plus complet. Supposez maintenant qu'un homme l'arrête au passage et
y choisisse avec amour tout ce qu'il y a
de plus fangeux, de plus décomposé, qu'il
mette ce choix à part et qu'il vienne en-
suite nous l'offrir sur un blanc vélin en
s'écriant : « Voyez quelles belles fleurs !
Comme elles sont nature ! »

Cet homme, c'est le littérateur moderne,
c'est l'écrivain à la mode, c'est le romancier
réaliste ; il travaille dans les bas-fonds avec
une rare conscience ; il use sa vie à faire,
dans les cloaques, provision d'obscénités ; il
sait en concentrer les repoussantes odeurs
et les distille dans chacune de ses pages ;
pour lui, le laid, l'horrible, l'immonde seuls
existent ; la boue de la voirie et la sanie
d'hôpital n'ont plus de mystères ; il les
détaille, il les analyse au microscope avec

le soin, le calme, la précision de ce mathé-
maticien qui écrivait sur son journal, près
du lit de mort de sa mère : « J'ai perdu
ma mère aujourd'hui à 8 heures 22 minu-
tes, temps moyen ; » l'argot du bagne a
remplacé la langue de Bossuet ; aux yeux
d'une génération dont le goût est encore
peut-être plus dépravé que les mœurs, c'est
le Maître, et en six mois ses produits em-
poisonnés atteindront, seulement en France,
leur centième édition.

On a dit : « L'homme a le droit de penser
ce qui lui plaît, comme il lui plaît, et
d'exprimer partout sa pensée. » Ce droit,
je ne le nie pas, puisqu'il existe légale-
ment. Pourtant, je me souviens aussi de
ce mot profond de Leibniz : « Si la liberté
consiste à secouer le joug de la raison,
les insensés seront les seuls libres ; mais
je ne crois pas que, pour l'amour d'une
telle liberté, personne veuille être fou,
hormis ceux qui le sont déjà. » Et je
complète à mon tour la pensée du phi-

losophe en ajoutant: Si la liberté d'é-
crire comprend le droit de publier des
ordures, c'est une liberté d'égoutier, et je
n'en veux pas, à moins qu'elle ne soit,
comme celle-ci, placée, dans un intérêt de
salubrité publique, sous la surveillance de
la police municipale.

Mais, direz-vous, ce sont là des excep-
tions : la littérature moderne n'est pas tout
entière dans le naturalisme, et, grâce à
Dieu, les crudités, les nudités, le déme-
suré et le violent révoltent plus d'un lec-
teur auquel répugnent ces excès, disons le
mot, ces abcès de la maladie descriptive.
Allons à la poésie : la note y sera plus gaie
et plus pure, l'horizon plus serein, le pay-
sage plus souriant et plus aimable. Nous
n'avons plus sans doute Homère, ni Vir-
gile, ni Milton, ni Dante, ni Pétrarque ;
mais l'âme qui chante sait s'élever au dessus de la matière, elle la purifie et l'enno-
blit en la regardant à travers le prisme de
ces chantres immortels, qui lui renvoie

comme un rayon de la lumière du ciel grec, comme une lueur de celui d'Italie.

En êtes-vous bien sûrs? J'ouvre nos poètes contemporains, j'entends les plus aimés du public, et, sous les titres multiples dont ils se revêtent, j'en rencontre de deux sortes ou, si vous aimez mieux, de deux écoles, qui prétendent chacune peindre à sa manière, l'une en outrant la nature et l'autre en faisant mieux que de la dépasser, en la niant.

Ceux-ci n'ont rien de la rêverie de *René* qui, si troublante et si sombre qu'elle fût, répondait au moins aux langueurs d'une jeunesse à peine échappée à l'orgie révolutionnaire et en quête de l'inconnu, sinon de l'infini ; leur désenchantement n'éclate ni en indignations vigoureuses, ni en plaintes amères : nulle invective, mais un dédain superbe et un mépris sans remède pour l'humanité. Je suis triste comme la vérité, s'écrient-ils, et la vérité, pour eux, c'est qu'il n'y a rien, rien ici-bas ni au delà, c'est que le bonheur suprême de l'homme est de se perdre dans l'inaction, le silence et le néant. Tacite raconte que la femme de Sénèque, qui s'était ouvert les veines en même temps que son mari, et qu'un ordre de l'empereur avait pu ravir à la mort, ne reprit jamais de couleur, mais vécut pâle et blanche comme un linceul. C'est l'image de la poésie du Nirvâna : joies, espérances, idéal, estime et amour de nos semblables, saints et nobles enthousiasmes, tout cela en est absent, tout cela en est proscrit : un peu plus, elle dirait avec Salomon : *Vanité des vanités*, si elle ne rougissait de citer l'Ecclésiaste.

Plus alertes d'allure et moins atteints d'anémie, les autres ont plus de sève, des tons plus chauds et des notes plus vibrantes. Ils ne se couronnent pas de cyprès et ne portent pas le deuil de leurs illusions effeuillées, de leur jeunesse glacée dès le mois de mai par la bise de décembre. Ils gravissent en plein soleil les coteaux où se

dorent les blés et où s'empourpre la vigne.
A les entendre célébrer la terre, cette vieille
nourrice des hommes, à les voir, pour
mieux la peindre, en fouiller les mille re-
plis, tout en humant à pleins poumons les
senteurs du trèfle mûri et l'arôme enivrant
du foin qui sèche, on croirait que les beautés
de la nature créée les transportent et qu'ils
vont entonner en son honneur un hymne
d'allégresse. Vous pourriez vous tromper,
pas peut-être pour tous, mais au moins
pour quelques-uns. Savez-vous quel est le
rêve, l'aspiration suprême, le cri du cœur
d'un de ces amants passionnés de la terre
féconde qu'il semble étreindre de ses longs
embrassements ?

Je voudrais être vache et me gaver la panse.

C'est l'*hoc erat in votis* d'un de nos Ho-
race modernes : je serais désolé qu'il fût
pris au mot, mais je le serais plus encore
qu'il fît partager son goût à ses lecteurs, et
que l'étranger pût voir dans cette étrange

boutade le dernier trait de l'humour et de
la gaieté française.

Il fut un temps, déjà bien éloigné de
nous — il y a près d'un siècle, ou à peu
près — où les poëtes commencèrent aussi
à élever un autel à la nature, non pas peut-
être à la nature vraie, à la nature agreste,
mais à la nature enrubannée, et où, sous
prétexte de la mieux honorer, ils la noyè-
rent sous les flots d'une fade et douceâtre
sentimentalité, qui, on s'en souvient, fit
bien des ravages parmi nos grand' mères,
juste à la veille des sinistres et sanglantes,
mais très prosaïques, hélas! immolations
de la Terreur. Cette sensiblerie maladive
avait franchi le Rhin et gagné la blonde
Allemagne — les Allemands nous emprun-
taient alors; — pour mieux nous la rap-
peler, je leur demanderai à mon tour un
seul trait. Un poëte et un philosophe du
dernier siècle, qui contribua beaucoup à
la renaissance des lettres germaniques,
Herder, avait une fiancée, Mlle Caroline

Flachsland, qui se piquait fort de tendresse et d'idéal; peu de jours avant son mariage, elle écrivait à son futur : « Que ne m'avez-vous vu former avec une jeune fille de mon âge, au milieu de nos baisers et de nos larmes, le lien de la plus belle amitié? C'est le cœur le plus noble et le plus beau que j'aie jamais vu; c'est le premier auquel je donne toute mon âme. Le jour de ma naissance, elle m'a donné comme symbole de notre amitié un cœur bleu pendu à un ruban blanc, emblème d'innocence. C'est une jeune fille douce et enthousiaste; elle a creusé sa tombe dans son jardin et a un petit agneau qui mange et boit avec elle.»

Le cœur bleu, la tombe et l'agneau de la candide amie de Mlle Flachsland vous semblent, avec raison, fort ridicules. L'avouerai-je pourtant? Ils me paraissent, à tout prendre, moins grotesques et moins répugnants que la métempsycose souhaitée par un des jeunes et brillants élèves de Victor Hugo, du poète national.

De l'art, du roman, de la poésie passons aux sciences philosophiques et naturelles.

Nul n'est plus que moi fier et jaloux de la science et des développements qu'elle a reçus dans le monde moderne; nul n'est plus respectueux de ses conquêtes, mais à la condition qu'elle soit complète, qu'elle ne se mutile pas elle-même et qu'elle ne s'isole pas du principe générateur de la vie. La science n'est pas seulement l'observation et l'expérimentation de la nature; elle n'est pas seulement une sèche nomenclature de faits; elle a aussi, elle doit avoir, comme l'homme, son idéal et sa conscience secrète; il ne lui suffit pas d'éclairer notre raison, elle doit l'élever, la rasséréner, elle doit faire sans cesse retentir à nos oreilles ce mot véritablement sublime, cette devise du progrès scientifique comme du progrès moral, sans laquelle l'étude ne serait qu'une ivresse meurtrière : *Excelsior!* toujours plus haut!

Eh bien! cette science de la nature, qui est encore relativement toute jeune et qui a pu, malgré sa jeunesse, réaliser des prodiges dans notre siècle, qu'a-t-elle fait pour l'homme, je ne parle pas de ses besoins physiques et de son bien-être matériel, mais de son âme, de son esprit, de sa santé et de sa joie morales, de la meilleure part de lui-même?

Ah! nous le savons tous parce que chaque jour nous en sommes les témoins, elle l'a assombri, attristé, écrasé. De cette image affaiblie sans doute, mais encore rayonnante de la Divinité, que l'on appelait l'homme, elle a fait l'image agrandie et perfectionnée de la bête; le roi découronné de la création n'est plus, à ses yeux, que le parvenu de l'animalité. A Dieu ne plaise que j'exagère! Mais le temps n'est plus où le P. Lacordaire refusait fièrement de se retourner pour mettre le pied sur cette honteuse doctrine. Elle a cessé de se cacher, elle s'étale partout au grand jour avec orgueil; on peut sans injure la nommer désormais : c'est le transformisme, fils émancipé du vieux matérialisme, qui remonte audacieusement avec lui le cours des âges jusqu'à leur source, pour fixer ce que le poète latin appelait la nouveauté fleurie du monde, *novitas florida mundi*, dans un prototype unique, dans une cellule dont la frêle enveloppe recèle toute la succession des êtres vivants, et qui, sans nier, comme son père, l'intervention d'une cause créatrice, la réduit dédaigneusement à la production d'un seul germe originaire, comme s'il n'était peut-être pas plus insultant encore d'amoindrir à cette fonction mesquine que de supprimer entièrement le rôle du Créateur.

Ceci me remet en mémoire un dialogue qu'un critique supposait entre Dieu et Darwin, et dont la forme inconvenante sera, j'ose l'espérer, rachetée par la justesse du fond :

Darwin. — Etes-vous là, Dieu?

Dieu. — Que me veux-tu, Darwin ?

Darwin. — Construisez-moi donc une petite cellule.

Dieu. — Pour quoi faire ? Pour te mettre dedans ?

Darwin. — Nous et tous les autres. Je m'expliquerai plus tard.

Dieu. — Voilà. Est-ce tout ? Puis-je m'en aller ?

Darwin — Serait-ce un effet de votre bonté d'y joindre la faculté de produire généalogiquement et par convergence vitale tous les êtres qui naîtront ici-bas ?

Dieu. — Je ne comprends pas, et tu demandes beaucoup. Toutefois, je n'ai rien à te refuser. C'est fait.

Darwin. — Maintenant, je n'ai plus besoin de vous ; vous pouvez vous en aller ; quant au reste, j'opèrerai moi-même.

Je ne sais si je me trompe, mais je ne crois pas que cette raillerie, si méritée pourtant, puisse éveiller un sourire, lorsqu'on se prend à mesurer le vide que le culte à peine déguisé du néant creuse dans le cœur humain, et à sonder les ténèbres épaisses dont il enveloppe notre intelligence avide de lumière.

Autrefois il y avait des sommets, des cimes radieuses qui ravissaient, presque malgré eux, nos regards, et que le plus faible comme le plus infortuné d'entre nous s'efforçait de gravir. C'était le Thabor où le Maître du ciel s'était révélé à la terre, où il avait dit dans la foudre : Je suis celui qui suis ; c'était la montagne d'où descendit un jour cette étonnante parole : « Venez à moi, vous tous qui souffrez, et je vous soulagerai ; » c'était celle où le Christ mourant sur la croix élevait sa prière pour la rédemption de tous les coupables : « Mon Père, pardonnez-leur, car ils ne savent ce qu'ils font. » Il y avait, en un mot, un lien indissoluble entre le Créateur et la créature, et, partant, pour celle-ci, une consolation, un réconfort, une joie, une espérance, une source d'éternelle tendresse et d'inépuisable amour. Si écrasée de douleurs, si abreuvée d'amertume qu'elle fût ici-bas, notre âme pouvait du moins, allégée par son seul élan, trouver un refuge et un baume divins, au delà des sphères terrestres, dans des bras toujours, ouverts et dont la miséricorde ne se lasse jamais. Mais, de bonne foi, si le monde est sorti tout seul de la vapeur cosmique et si notre berceau est un atome, qui nous fortifiera, qui nous consolera, qui nous pardonnera? Sera-ce l'huître, dont quelques-uns nous font descendre? Sera-ce la cellule?

Venons maintenant à la philosophie. Mais pourquoi poursuivrais-je cette affligeante revue? Est-ce que le désolant positivisme qui a successivement envahi toutes les branches de l'activité et de l'intelligence humaine, n'a pas également pénétré dans la science de cette intelligence, et n'est-ce pas de celle-ci même qu'elle a découlé, qu'elle a envahi toutes les autres? Un de nos contemporains, qui ne vous sera pas suspect, parce qu'il n'était pas des

nôtres et qu'il avait tacitement abjuré les
croyances de ses pères, un écrivain de nos
jours, mort récemment dans les pompes
officielles, a prononcé cette parole terrible,
qui résume notre situation morale : « Il
fallait la philosophie de la matière au ra-
mollissement de notre cerveau. » C'est
affaire aux médecins de dire si l'espèce est
assez dégénérée pour atteindre à ce degré
d'abâtardissement physique, et je ne le pré-
tends pas; mais ce que nous pouvons tous
affirmer, parce que nous en sommes tous
les témoins, c'est que les lettres, l'art, la
science, la philosophie et même l'histoire
contemporaines ont conspiré pour nous
rendre tristes, pour violer notre nature,
pour fermer devant nos pas cette porte
d'espérance, dont parle le prophète, car
elles prétendent nous interdire de jeter un
regard confiant et attendri sur les régions
d'outre-tombe; elles ont, je le répète, violé
notre nature, car en arrivant ici-bas et en
nous sentant condamnés à la mort, nous

voulons au moins que cette mort nous rende sous une autre forme la vie qu'elle vient nous prendre, et nous avons d'instinct conscience que l'épreuve de la douleur, inévitable pour chacun de nous dans un monde fini, doit, si elle a été méritante, être rachetée au delà par un bonheur sans fin.

Un humoriste anglais, que je ne donne pas pour un professeur de morale, mais qui a parfois des traits fort délicats, peint quelque part la petite scène suivante : Un pauvre âne venait d'entrer sous la porte avec deux grands paniers sur le dos; il se tenait dans une attitude hésitante, les deux pieds de devant sur le seuil, les deux pieds de derrière dans la rue, ne sachant pas très bien s'il devait avancer ou non... Il mangeait la tige d'un artichaut, et l'avait déjà laissé tomber par dégoût une demi-douzaine de fois et ramassée par faim. — « Tu fais là, dis-je, un amer déjeuner, et tu as d'amères journées de travail, puis, j'en ai peur, des coups amers pour tes gages...

Tu n'as pas un ami peut-être dans le monde entier qui te donne à manger. » Disant ces mots, je tirai de ma poche un gâteau que je lui tendis. Quand l'âne l'eut mangé, je le pressai d'entrer ; la pauvre bête était lourdement chargée ; ses jambes tremblaient sous elle ; comme je tirais sur le licou, il se cassa net dans ma main. L'animal me regarda d'un air pensif : « Ne me frappez pas, semblait-il dire ; mais, si vous le voulez, vous le pouvez. »

Qu'on me pardonne si je me trompe ; mais l'âne de Sterne me semble l'homme, tel que l'a fait la science sans Dieu ; il est tristement courbé sous le fardeau qu'il traîne et dont le poids meurtrit ses épaules ; les coups répétés de l'infortune l'accablent de toutes parts, et nulle main ne s'étend pour le soulager ; sur ce roc sans terre, sur ce sable sans eau, pas une miette de pain qui vienne le rassasier, pas une goutte de rosée céleste qui vienne étancher la soif de son âme ; vous avez fait taire l'hymne sublime, vous avez éteint la flamme qui réchauffaient son cœur, vous lui avez fermé sans retour les horizons immortels qui, l'élevant au dessus de ses souffrances méprisées, retrempaient son courage et ravissaient ses regards.

III

Ah ! comme notre temps diffère à cet égard de ceux qui l'ont précédé ?

L'homme, n'y était pas habituellement mécontent, aigri, préoccupé comme aujourd'hui : sa vie avait des règles précises, parfois sévères et rigoureuses, mais un ciel de plomb ne pesait pas sur sa tête, qu'il relevait allègrement, même du sein de la misère, et rien n'étouffait la gaieté du descendant de la race celtique, ni l'âge, ni le malheur, ni la tyrannie elle-même, puisqu'elle sut s'épanouir jusque dans les prisons de la

Terreur. Voyez plutôt le moyen-âge, et ces siècles dont le nôtre est assez éloigné pour ne plus les craindre, assez près encore pour les pouvoir comprendre.

Je ne parle pas des riches et des puissants d'alors, des heureux de la terre, mais des petits, des faibles, de ce monde misérable des serfs, des mendiants, des vagabonds, des paysans attachés à la glèbe et souvent maltraités par leurs maîtres. Ce monde-là souffre, il a même des douleurs infinies, inconnues du nôtre, mais il trouve la volonté de vivre et la résignation qui lui fait tolérer la vie, dans l'espérance sans laquelle le lutteur est bien vite vaincu, dans le rêve touchant ou poétique qui lui tient lieu du bonheur absent. S'il goûte entières les joies naïves de l'enfance, s'il ne songe jamais, comme chez nous, au suicide, s'il chante jusqu'au sein de la torture, c'est qu'une foi nouvelle lui a rendu sensible le royaume de Dieu, qu'elle lui a montré une patrie idéale au delà de la pa-

trie réelle, et que son âme croyante aper-
çoit distinctement un magnifique pavillon
d'or au bout de l'enclos fangeux.

Le merveilleux fait en même temps le
fond et l'arrière-plan de toute sa littérature :
il est partout, dans les mystères, dans les
fabliaux, dans les romans et les chansons de
gestes, dans les sirventes, dans les canti-
lènes, les contes des trouvères et les légendes populaires : comme ce franciscain qui,
disputant un jour, dit-on, de la virginité de
Marie, prit la terre à témoin, et la frappant
trois fois de son bâton, en fit sortir trois
lys, le moyen-âge fait germer des fleurs de
poésie et de gaieté de toutes les épines. Et,
chose remarquable! partout l'imagination
adoucit et trompe la réalité ; partout, dans
ces fabliaux et ces légendes, le bien triomphe
du mal ; les ennemis sont généreux ; les en-
chanteurs sont bienfaisants ; les chevaliers
redresseurs de torts sont invulnérables ; au
moment de frapper les persécuteurs tom-
bent sous une main invisible ; les bêtes sau-

vages s'apprivoisent ; la campagne fleurit
comme un paradis; l'homme est consolé par
l'homme, que dis-je? par Dieu lui-même, car
si notre destinée est d'arriver au bonheur à
travers la souffrance, la bonté, le pardon
coulent des lèvres de ses interprètes. Papes,
évêques, abbés, moines ne nourrissent pas
seulement le pauvre, mais ils l'élèvent au
dessus de son humilité par les divins es-
poirs : ce qui nous l'atteste, on l'a déjà fait
observer, c'est la reconnaissance dont leur
mémoire est entourée, car l'homme ne
donne jamais son cœur à faux ; il est trop
égoïste pour cela.

Cette soif de l'idéal, cette passion de l'invisible, qui possèdent et dominent une société grossière, orageuse, mais vive et hardie, qui lui communiquent une originalité,
un enjouement, une sérénité dont nous
restons confondus, c'est le grand trait du
moyen-âge, et c'est aussi l'honneur et la
force des sociétés chrétiennes. Des prêtres,
des nobles, des soldats se faisaient gaie-

ment tuer pour un Dieu qu'ils n'avaient jamais vu, pour des ancêtres qu'ils n'avaient jamais connus, pour une terre dont ils n'avaient jamais habité qu'un coin obscur. Savez-vous pourquoi ? Parce que l'homme ne sait mourir que pour ce qu'il ne voit pas. On pourrait presque ajouter avec Ozanam : il ne sait pas vivre pour autre chose. Si je travaille, c'est pour ceux de mes fils qui m'enseveliront, c'est pour la postérité dont je n'entendrai jamais parler, pour une renommée dont je ne jouirai pas et dont je ne puis même discerner par avance le murmure affaibli.

IV

L'humanité a besoin d'idéal, l'humanité cherche l'idéal, et nous languissons aujourd'hui jusqu'à périr faute d'idéal, voilà le vrai; on peut le confesser sans surprise, mais non sans honte, au risque de faire souffrir notre orgueil ; je ne crains pas au surplus de le blesser, même vis-à-vis de l'étranger : de tous les vices, le plus généralement haï, c'est l'orgueil, parce qu'il est détesté de tous les orgueilleux.

La plaie de notre temps, c'est de vivre terre à terre, c'est de ne croire à rien, c'est d'avoir éteint dans les âmes la flamme de l'enthousiasme et de la foi. Un écrivain prétendait, il n'y a pas longtemps, « qu'au fond de toute femme, il y a une douce folie, » et qu'il faut en conséquence faire « entrer nos filles non en religion, mais en raison, » c'est-à-dire discipliner leur cœur par leur esprit, rompre leurs illusions et les réduire à voir dans l'univers autre chose que des fleurs ou des images. Les femmes n'ont jamais mérité cette pitié dédaigneuse, mais serait-elle un jour justifiée, le mal, hélas! n'est plus là, et combien d'hommes, aujourd'hui fiers d'avoir déraciné en eux leurs vieilles croyances et de tout nier, si ce n'est peut-être que les deux angles d'un triangle sont égaux à deux droits, seraient plus forts s'ils étaient femmes à cet égard ?

Il faut croire à quelque chose pour se faire tuer dans une bataille; la raison seule, ou plutôt le raisonnement, aura toujours fort peu de martyrs ; il faut croire à quelque chose pour obéir ; il faut croire à quelque

chose pour être libre et heureux. Il le sen-
tait bien, le poète moderne auquel le scepticisme arrachait naguère ce cri poignant :

Je voudrais bien prier, je suis plein de soupirs.
J'ai beau joindre les mains et, le front sur la Bible,
Redire le *Credo* que ma bouche épela :
Je ne sens rien du tout devant moi. C'est horrible.

Il le comprenait bien, cet académicien,
ce raffiné de l'esprit et de la parole, qui
est pourtant un *dilettante* du doute philosophique et de la négation voilée, lorsque,
dans une cérémonie officielle, il donnait ce
conseil à des jeunes gens : « Evitez le grand
mal de notre temps, ce pessimisme qui
empêche de croire au désintéressement et
à la vertu. Croyez au bien ; le bien est
aussi réel que le mal, et seul il fonde quelque chose ; le mal est stérile. » Je le répète
après M. Renan, beaucoup moins bien,
avec moins d'autorité, quoiqu'avec une
sincérité égale et peut-être avec plus de
confiance : il faut une foi à l'homme, une foi

religieuse et une foi politique, une foi en des destinées futures, comme une foi en ses semblables, et c'est là le meilleur remède, le plus efficace des contre-poisons contre l'ennui, contre la tristesse 'et la mélancolie moderne, car saint Augustin l'a 'dit dans un mot aussi profond qu'admirable : « La joie naît de la vérité. *Gaudium de veritate conceptum.* »

Mais que voulez-vous que je croie? dit-on. Vérité en deçà des Pyrénées, erreur au delà. Je n'ai pas qualité pour répondre à la première question, mais je puis au moins, d'un mot, réfuter l'objection sur laquelle le doute se fonde. Oui, les dogmes religieux mis à part, il y a dans le domaine de l'idéal, comme dans celui du réel, des formes changeantes, des aperçus variables qui se modifient d'un côté de la montagne à l'autre et de la rive d'un fleuve à l'autre rive; il y a, comment dirai-je? des vêtements de l'immuable qui vieillissent et se renouvellent tour à tour avec les hommes et avec les âges. Mais la substance de la vérité, mais cette substance virginale, elle reste toujours la même, elle est toujours aussi jeune, toujours aussi pure, toujours aussi belle, toujours aussi rayonnante, parce que la conscience de l'homme, éclairée par une révélation divine, n'a pas changé depuis dix-huit siècles. En tous cas, sans indiquer comme sans discuter ce qu'il faut croire, il n'y a pas, ce semble, de témérité à soutenir qu'humainement parlant, une erreur sincère et de bonne foi est moins dangereuse pour notre repos et moins flétrissante pour notre cœur que la pure négation ou même le doute universel.

Encore une fois, je sors volontairement des hautes régions religieuses, et je me place sur le terrain des simples opinions controversables, flottantes et mobiles comme les sociétés et les gouvernements auxquels elles se réfèrent. Pour juger des ravages que le parfait scepticisme en matière politique peut produire chez un homme qui pourtant, je l'imagine, se flattait d'être honnête, écoutez le trait suivant, qui a le mérite d'être absolument vrai, et qui fut un jour cité, en pleine Académie française, par le propre confident d'un de ses principaux témoins ; c'est un épisode peu connu des journées de Juillet :

Le 29 juillet 1830, quand la lutte touchait à sa fin, un enfant de Paris, un de ces vauriens qu'on est sûr de trouver mêlés à toutes les insurrections, tirait d'un point de la rive gauche sur le Louvre, attaqué par la populace. Il ne ménageait ni le plomb ni la poudre ; seulement il tirait de loin et, novice encore dans le maniement des armes, il perdait ses coups. Témoin de sa maladresse, un particulier qui flânait là en simple curieux l'aborde civilement, lui prend son fusil des mains, et, après quelques conseils sur la manière de s'en servir, voulant joindre l'exemple au précepte, il ajuste un garde suisse qui, debout dans l'embrasure d'une fenêtre du palais, brûlait ses

dernières cartouches et faisait tête à l'émeu-
te. Le coup part, le garde suisse tombe.
Là-dessus, l'obligeant inconnu remet gra-
cieusement le fusil à son propriétaire, et
comme celui-ci, tout émerveillé, l'enga-
geait à continuer : « Non, réplique-t-il, non,
ce ne sont pas mes opinions. »

Scepticisme religieux, scepticisme politique, voilà le mal, voilà ce qui rend la vie
moderne, malgré ses fièvres et ses agita-
tions, si profondément triste ; voilà aussi le
grand péril, car derrière ces deux indiffé-
rences ou plutôt ces deux négations qui
tarissent également dans nos cœurs la
source des nobles ardeurs et des généreux
dévouements, il ne reste plus de place que
pour la force. Ces deux négations, je puis,
sans m'aventurer sur un terrain que je n'ai
pas de peine à m'interdire, les assembler
dans un commun anathème. Le ciel et la
terre ne sont pas ici séparables : dans le
monde physique comme dans le monde
moral, il faut à l'homme l'atmosphère qui

lui transmet la lumière et la chaleur de l'espace, il lui faut autour de lui, au dessus de lui, de puissants courants d'air qui l'élèvent et le purifient, des respirations et des aspirations de l'infini!

V

Comment éviterons-nous le péril qui nous menace et à qui demanderons-nous de le conjurer? A nous-mêmes. Qui peut nous rendre le repos, la joie, la sérénité, en un mot, la santé de l'esprit? Qui? Je le répète, nous, et nous seuls. A l'orgueil ignorant, aux mensonges et aux sophismes de l'athée, aux poignants découragements de l'incrédule, aux amers *que sais-je?* du sceptique, à l'hypocrisie voulue ou inconsciente du positivisme, — oui, je dis bien — à l'hypocrisie philosophique de ceux qui passent

leur vie à se défendre de penser aux problè-
mes d'outre-tombe et à y penser toujours,
substituons dans nos cités, dans nos foyers,
dans nous-mêmes, de viriles et robustes
convictions, attaquons-nous au dedans à ce
sphinx du doute, qui ne dévore pas seulement le cœur de l'homme, mais qui dévore
aussi celui des nations. Au sein des multi-
tudes prévenues et distraites, en face des
forces qui se prétendent supérieures au
droit, ah! oui, je le sais, rien de faible, aux
yeux du vulgaire, comme une foi, comme
une conviction, comme une conscience. Et,
cependant, rien d'aussi puissant en réalité,
car elles sont avec Celui qui disait: « Si
vous aviez de la foi comme un grain de
senevé, vous diriez à cette montagne : Déra-
cine-toi et jette-toi dans la mer, et la montagne ferait ainsi. »

La science moderne transperce les mon-
tagnes, mais, croyez-le bien, si elle était
sincère, la foi saurait aussi les transporter.
Est-elle d'ailleurs si dédaignée qu'elle ait

perdu tout droit au respect, et tout ascen-
dant moral?

Il y a quelques jours deux grands Etats
de l'Europe se disputaient un banc de
sable, et ce vain litige d'une souveraineté
nominale menaçait de faire tonner entre
eux l'airain des batailles. Un vieillard découronné, sans armée, sans trésor, sans
alliances, mais couvert de la majesté d'un
Dieu auquel il a donné sa foi et de la véné-
ration de deux cents millions de catholiques, dont il se déclare le serviteur, inter-
vient à la prière d'un homme qui ne croit
pas comme lui, qui n'a jamais fléchi le genou
devant lui, qui semblait ne se fier qu'à
l'habileté ou à la force ; du fond de la retraite
où il s'est fait captif afin de rester libre, ce
vieillard prononce un mot et voilà l'accord
rétabli, la paix faite, les deux adversaires dés-
armés. L'histoire compte-t-elle beaucoup
de semblables triomphes, et dira-t-on encore
qu'il n'est plus au monde d'autre culte que
celui de la puissance brutale, que l'empire

est aux gros bataillons et que le vieil arbre du Catholicisme, effeuillé par le vent des révolutions autant que par l'orage de la Réforme, ne pousse plus, dans l'orgueilleuse forêt des jeunes Etats modernes, qu'une branche desséchée sur un tronc pourri?

Partout aujourd'hui on s'interroge avec anxiété pour deviner à qui appartient l'avenir. Je ne nie pas la haute valeur des découvertes scientifiques, je ne méconnais pas la force militaire, mais je dis : L'avenir du monde n'est ni au creuset du chimiste, ni au canon perfectionné de l'artilleur. L'avenir du monde est aux peuples qui garderont ou qui retrouveront leur idéal, c'est-à-dire leur foi. L'avenir est à ceux qui sauront faire reverdir sur leur sol cette plante flétrie, dont se raillent nos prétendus sages, mais dont les rameaux ont porté saint Louis et Jeanne d'Arc.

Une nation qui croit, qui s'émeut et s'enflamme pour ce qu'elle croit, n'est pas près

de finir. C'est la foi qui donne la sublimité
au poète, la profondeur au philosophe, la
fascination à l'orateur, la divination au sa-
vant. C'est elle aussi, elle seule, qui ré-
chauffe le sang dans les veines refroidies
d'un peuple. Nous ne sommes portés que
par ce qui nous étonne, par ce qui nous
élève, et non par ce qui nous écrase.

Quant à moi, c'est ma conviction pro-
fonde, si nous redevenons croyants, si nous
retournons à la vérité, s'il se fait en nous
une révolte généreuse et hardie des con-
sciences, non seulement contre le men-
songe, mais aussi contre le doute, peut-être
plus désastreux encore, s'il vient un souffle
qui passe sur notre chair et la fasse tressail-
lir pour autre chose que des satisfactions
abjectes, ah ! je ne craindrai plus pour
l'avenir de la France ! Aux découragés,
aux désespérés, à ceux qui n'aime plus
la vie parce qu'ils ont cessé d'aimer le
devoir, à tous ceux qui vont partout ré-
pétant que, sous la poitrine de la vieille

Gaule, le cœur a cessé de battre, qu'elle ne sait plus adorer, que le spectacle de tant de déceptions et d'avortements a éteint en elle toute flamme, qu'elle a irrémissiblement perdu la séduction des grandes âmes, qu'elle ne peut plus comprendre l'enthousiasme, et qu'elle est destinée à vivre morne et triste comme une veuve, je leur montrerai... Qui cela? Vous-mêmes. Je leur citerai les noms de vos phalanges petites, mais vaillantes et fidèles, et je répèterai avec assurance : Pauvre et chère patrie, non, tu ne périras pas, car tu tiens, par des racines inébranlables, à quelque chose d'éternel.

1413. — Lyon. Imprimerie Catholique, rue Condé, 30.— E Paris.